THIS BOOK BELONGS TO

_____

I AM MAGICAL

I AM STRONG

I AM BEAUTIFUL

I AM SMART

I AM KIND

I AM MAGICAL

I AM STRONG

I AM BEAUTIFUL

I AM SMART

I AM KIND

I AM MAGICAL

I AM STRONG

I AM BEAUTIFUL

I AM SMART

I AM KIND

I AM MAGICAL

I AM STRONG

I AM BEAUTIFUL

I AM SMART

I AM KIND

I AM MAGICAL

I AM STRONG

I AM BEAUTIFUL

I AM SMART

I AM KIND

I AM MAGICAL

I AM STRONG

I AM BEAUTIFUL

I AM SMART

I AM KIND

I AM MAGICAL

I AM STRONG

I AM BEAUTIFUL

I AM SMART

I AM KIND

I AM MAGICAL

I AM STRONG

I AM BEAUTIFUL

I AM SMART

I AM KIND

I AM MAGICAL

I AM STRONG

I AM BEAUTIFUL

I AM SMART

I AM KIND

I AM MAGICAL

I AM STRONG

I AM BEAUTIFUL

I AM SMART

I AM KIND

I AM MAGICAL

I AM STRONG

I AM BEAUTIFUL

I AM SMART

I AM KIND

I AM MAGICAL

I AM STRONG

Printed in Great Britain
by Amazon